This Notebook Belongs To:

_____

Date: ___/___/___

Date: ___/___/___

Date: ___/___/____

Date: ___/___/____

Date: ___/___/___

Date: ___/___/____

Date: ___/___/____

Date: ___/___/___

Date: ___/___/____

Date: ___/___/____

Date: ___/___/___

Date: ___/___/____

Date: ___/___/___

Date: ___/___/____

Date: ___/___/___

Date: ___/___/____

Date: ___/___/____

Date: ___/___/____

Date: ___/___/____

Date: ___/___/____

Date: ___/___/___

Made in the USA
Coppell, TX
24 August 2023

20727727R00056